FRAGMENT

POUR SERVIR A L'HISTOIRE

DE LA

CONVENTION NATIONALE,

Depuis le 10 Thermidor, jusqu'à la dénonciation de Lecointre, inclusivement.

PAR J. J. DUSSAULT.

Neque amore aut invidiâ

A PARIS,

Chez les Marchands de Nouveautés.

FRAGMENT

POUR SERVIR A L'HISTOIRE

DE LA

CONVENTION NATIONALE,

Depuis le 10 Thermidor, jufqu'à la dénonciation de Lecointre, incluſivement.

Aprês le 10 Thermidor, l'exploſion ſubite
de tout ce qu'une longue tyrannie avoit ren-
foncé dans le ſecret des cœurs rendit, pendant
quelques jours, les délibérations de l'Aſſemblée
vagues, tumultueuſes, abondantes en idées
plus conſolantes que réfléchies. Une belle penſée préſidoit à cette eſpèce de délire, celle de
réparer les maux cauſés par Robeſpierre; mais
l'Aſſemblée trouva dans cette penſée même un

piège dangereux. Le bien, toujours si voisin
du mal, veut être fait avec prudence & mesure,
& l'on a rarement à se louer de l'enthousiasme
même le plus louable.

Les portes des prisons furent brisées plutôt
qu'ouvertes. Les innocens en sortirent en foule,
mais quelques coupables profitèrent de cette
précipitation.

Ceux qui sentoient moins vivement les maux
affreux qu'avoit faits Robespierre, furent plus
frappés de ce désordre, que touchés du
spectacle si doux de tant d'infortunés rendus à
la liberté, à la vie, à la nature, aux soupirs
de leurs familles, aux larmes de leurs enfans,
aux embrassemens de leurs épouses, au sentiment de leur être.

Ainsi, au milieu des cris de reconnoissance
& d'amour élancés de tous les cœurs attendris,
l'élargissement de quelques aristocrates devint
un cri de guerre.

A ce cri, l'on vit se rallier un certain
nombre de membres de la Convention Nationale. Ce nombre étoit la partie la moins considérable de l'Assemblée. On accusa des députés
d'avoir brisé les fers de quelques ennemis de
la révolution.

(5)

Cette division devoit plaire à ceux qui avoient
quelques remords, ou qui craignoient d'être
accusés au tribunal de l'opinion publique. Ils
souffloient sur cette étincelle légère de discorde;
ils savoient bien auxquels ils devoient s'atta-
cher préférablement, de ceux qui oublioient
un moment l'aristocratie, pour ne voir que la
patrie éplorée, ou de ceux qui oublioient les
malheurs de la France, pour ne se souvenir
que de l'aristocratie foible, vaincue, agonisante.

Le cours des choses amena donc une lutte
nouvelle dans cette assemblée, qui, après avoir
servi d'arène à tant de conspirations différentes,
ne s'étoit reposée de ses combats que sous l'aile
affreuse de la tyrannie, & sembloit devoir
enfin, après la punition du tyran, conduire,
dans le calme, le vaisseau de l'État au rivage.

Elle avoit vu périr, dans les orages qui la
troublèrent, tout ce qu'elle possédoit de génie
& de talens, & la sagesse étoit devenue désor-
mais son lot unique.

De tant d'hommes éloquens, de tant de députés célèbres à la tribune & au conseil, qui
tous avoient abusé de leurs moyens pour cons-
pirer, il ne restoit plus qu'un souvenir justement
odieux; mais ce souvenir, sans exciter des regrets,

faifoit mieux fentir la foibleffe de l'Affemblée, fous le rapport de ces talens fi brillans & fi néceffaires que la fageffe peut cependant suppléer jufqu'à un certain point. On ne doit pas compter des hommes qui, peut-être avec des moyens, fe font condamnés à un éternel filence; difcrétion calculée fans doute plutôt fur leur propre intérêt, que fur celui de la Nation & la gloire de l'Affemblée.

Tallien étoit le membre le plus éloquent de la majorité. Né avec des talens médiocres, il avoit acquis, dans les fociétés populaires, dans les affemblées publiques, dans la Convention Nationale même, une certaine abondance de langage plus coulante & plus facile que nerveufe. Ignorant l'art de commencer & de finir, de donner à chaque penfée fon cadre & fa mefure, prodigue de lieux-communs, il n'avoit rien dans fa phyfionomie fans caractère, dans fa déclamation fans accent, dans fon ftyle fans vigueur, de ce qui annonce 'homme né pour exercer l'empire de la parole. Quoiqu'affez entendu dans le maniement des affaires, & dans la tactique d'une affemblée & de la révolution, il n'avoit pas cette force de tête qui étend la penfée dans tous

les rameaux d'une entreprise. Il étoit d'ailleurs.
le plus jeune de toute l'Assemblée.

Les deux talens les plus distingués, sans
contredit, se trouvoient dans la minorité. C'étoit
Collot-d'Herbois & Barère.

Le premier, homme de lettres de profession,
auteur de quelques ouvrages dramatiques, forts
médiocres à la vérité, avoit apporté dans l'Assemblée un esprit orné par la littérature. L'art
de la déclamation, cette partie si importante
de l'éloquence, n'avoit point été tout-à-fait
étranger à ses précédentes études. Une physio-
mie un peu sauvage, une encolure forte &
vigoureuse, un organe imposant quoiqu'un peu
voilé, une diction théâtrale, des pensées tantôt énergiques, tantôt ingénieuses, une facilité
d'improviser quelquefois très-oratoire, le talent
d'intéresser le cœur & d'échauffer le sentiment,
d'attribuer avec art à des causes morales des
résultats purement physiques, de verser dans
les ames une sorte d'onction douce & péné-
trante, lui avoient souvent attiré des applaudissemens à la Convention, & sur-tout aux
Jacobins. Au reste, plus brusque & plus impétueux dans les affaires, qu'adroit & insinuant,
faire sauter les prisons par l'explosion de la

poudre, expofer par centaines, des coupables au feu d'un canon, étoient des idées qui ne révoltoient point fon cœur, naturellement généreux & tendre, mais vif, & pénétré du befoin d'anéantir les ennemis de la Liberté.

L'autre, fin connoiffeur des convenances, habile fophifte, favoit déguifer adroitement, fous un néologifme épigrammatique & ferré d'idées, la verfatilité de fes fentimens & l'inconftance de fes opinions. Il étoit toujours l'homme du parti dont il prévoyoit le tromphe. Sa préfidence des feuillans, fon affiliation conjointement avec Rolland à la fociété conftitutionnelle des Wighs fe préfentoient à l'efprit, dès qu'on l'appercevoit, & je ne fais quel double fentiment excitoit à fa vue, le rire & la pitié. Quoique fon intelligence, fa fagacité dans les affaires puffent le rendre précieux à un parti, fa réputation, qui paralyfoit fon talent, l'empêchoit d'y être véritablement utile.

Mais Collot-d'Herbois & lui, & ceux qui fentoient qu'ils étoient foupçonnés d'avoir prêté la main à Robefpierre, avoient probablement en vue moins de fervir le parti auquel ils s'étoient attachés, que d'en être fervis. Ils comprenoient bien que la force des circonftances

leur commandoient le silence, & les obligeoit à laif-
fer l'attaque pour fe retrancher dans la défenfive.

La minorité demandoit à grands cris l'im-
preffion de la lifte des citoyens qui avoient été
mis en liberté & de ceux qui avoient provo-
qué leur élargiffement. Cette propofition faite
à deffein, pour nuire aux députés qu'elle foup-
çonnoit d'avoir follicité la mife en liberté de quelques citoyens moins purs, fut d'abord décrétée.

Ce décret répandit la trifteffe dans toutes les
ames, & flétrit l'épanouiffement de cette joie
tendre qui éclatoit fur tous les vifages, depuis
le 9 Thermidor. On croyoit voir dans cette
mefure le préfage du renouvellement des rigueurs
dont on avoit été un moment foulagé. On croyoit
que l'Affemblée fe repentoit d'avoir allégé le joug
de la révolution. C'étoit le 10 Août que ce décret
fut rendu. La fête qui eut lieu le foir, ne fut
point gaie.

Le décret fut rapporté le lendemain, mais
il laiffa de funeftes impreffions. La minorité les
juftifioit en difant fans ceffe que l'on vouloit
imprimer au gouvernement révolutionnaire un
mouvement rétrograde, en paroiffant difpofée
à rendre à ce gouvernement cette force odieufe
& purement defpotique, que Robefpierre lui

avoit donnée pour ses projets. Quelques hommes absolument dénués de moyens, tels que Duhem, Montaut, Granet, Carrier, harceloient sans cesse la majorité. Hargneux, aigre, caustique, insolent & babillard, Duhem, étoit celui qui revenoit le plus souvent à la charge.

On vit alors un objet d'éternel étonnement : un homme de la plus profonde nullité, de la physionomie la plus déplorable, dont la démarche seule tiroit des larmes de pitié, quand on le voyoit traîner avec peine, le visage alongé, le cou tendu, ses reins disloqués ; un homme connu par un barbouillage périodique où l'on ne savoit ce qui l'emportoit, de la platitude de idées ou de la trivialité du style, exerça, comme par miracle, une influence puissante sur la minorité. Après avoir gardé si long-tems le silence & l'immobilité du tombeau, il sembloit qu'il étoit revenu du pays des morts, tout exprès pour révéler de grandes choses. Il ne parloit point encore, mais on étudioit, on receuilloit les moindres gestes, les moindres signes de ce nouveau Lazare, les moindres symptômes d'approbation ou de mépris qu'il laissoit échapper ; c'étoit un oracle muet. Qui sait ? il est des événemens qui guérissent tout-à-coup certaines maladies ; son heure étoit peut-être venue de guérir de la bêtise.

La demande de l'impression des listes fut renouvellée à la Convention par les Jacobins.

Pour déterminer la société à cette démarche, l'on avoit convoqué *incognito* une assemblée extraordinaire. Les membres des Jacobins qui étoient de l'avis de la minorité, furent seuls avertis & s'y trouvèrent seuls. Le public, qui n'étoit pas instruit de cette manœuvre, fut surpris autant qu'alarmé de cette contradiction d'une société dont l'influence est si considérable, & qui jusqu'alors avoit professé les sentimens de la majorité. Elle avoit envoyé aux sociétés affiliées des adresses où elle exprimoit sa douleur de ce qui s'étoit passé, où elle les invitoit à porter, de concert avec elle, des consolations dans les cœurs flétris par le despotisme de Robespierre. Ses orateurs lui faisoient des descriptions vraies & touchantes des horreurs dont ils avoient été témoins eux-mêmes & victimes dans l'ombre des prisons. Elle inclinoit pour la liberté de la presse.

Ces dispositions mêmes d'une société si importante, qui s'ouvroit de son propre mouvement à l'influence des chefs de la majorité, ne faisoient qu'aigrir la minorité. Cette partie de l'Assemblée s'étoit accrue d'un homme qui pouvoit lui être d'un grand secours.

C'étoit Bourdon de l'Oise. Incertain quelques momens entre les deux opinions, il ne tarda pas à se ranger dans la minorité. Cette détermination d'un homme, qui avoit été des premiers à provoquer les mesures capables de détruire les effets & les suites d'institutions gâtées par Robespierre, avoit d'éja en elle-même quelque chose de favorable à la minorité. Au reste, impétueux, ardent, opiniâtre, pourvu de poumons robustes, s'exprimant avec clarté, avec chaleur & souvent avec énergie, il mettoit dans la balance un poids considérable.

La minorité se prononçoit tous les jours davantage ; elle ne cessoit de se plaindre du trop grand nombre de *mises en liberté* ; elle annonçoit qu'elle alloit agir de tout son pouvoir pour faire remettre en prison beaucoup de ceux qui en étoient sortis ; elle étoit déterminée à ne pas souffrir qu'on changeât rien à la rigueur du gouvernement.

La majorité disoit que c'étoit la continuation du système de Robespierre ; elle appelloit les membres de l'autre partie de l'Assemblée *continuateurs de Robespierre*. Ceux-ci donnoient le même nom à leurs adversaires, & en même temps les traitoient de *modérés*. Une contradiction de plus ou de moins ne se compte pas, quand il ne s'agit que d'injures.

Ceux des membres de la minorité, qui pouvoient être soupçonnés d'avoir été les complices de Robespierre, & qui en s'attachant à cette partie accusée, avec moins d'invraisemblance, de vouloir continuer le système de ce traître, étoient presque devenus un argument contr'elle, gardoient le plus profond silence. Ils sembloient se préparer à la défense, prévoyant sans doute que l'attaque ne tarderoit pas à se diriger spécialement contr'eux.

En effet, on fit venir à la barre Fouquier-Tainville; mais ce scélérat, en y prononçant un discours très-adroit & très-mesuré, dans lequel personne n'étoit nommément compromis & dont cependant il falloit conclure son innocence, trompa cette tactique.

Toutes fois, du sein de ces divisions on vit éclore des mesures salutaires; & si quelque question, si quelque point particulier rompit l'unanimité de l'Assemblée, du moins la République, en gémissant sur ces nouvelles dissentions,

A 7

en ne croyant plus à la possibilité d'une assemblée politique toujours parfaitement unie, eut
la consolation de voir la Convention Nationale n'avoir qu'une seule voix pour proclamer des
réformes nécessaires, détruire des abus dangereux, & porter des loix dictées par l'interêt
de la patrie & l'amour de l'humanité.

Le gouvernement révolutionnaire fut organisé
sur un nouveau plan, qui ôtoit à l'ambition
tout espoir, à l'arbitraire tout instrument. L'ad-
ministration de la commune de Paris fut sup-
primée ; & cette branche du pouvoir, qui plusieurs fois avoit compromis la liberté, en prê-
tant un asyle aux conspirateurs, fut sagement
ramifiée dans les mains des commissions exécu-
tives qui, toutes rayonnant autour d'un point com-
mun, se partagoient cette puissance, sans lu^1
rien ôter des avantages de la centralité. D'heu-
reuses réformes entrèrent aussi dans le Tribunal
Révolutionnaire ; entièrement regénéré dans ses
juges & son jury. La loi sanglante du 22 prai-
rial fut abrogée ; le jury fut rendu à son essence
& à tout l'honneur de ses fonctions sublimes,
en prononçant sur la question intentionelle. L'accusé, dans son malheur, put se reposer sur le
sein d'un défenseur. Il fut permis à l'ami d'éle-

ver, devant la loi, en faveur de son ami, sa voix sensible & tendre. Le fils éloquent put faire entendre pour son père accusé, en face des ministres de la justice, l'accent de la nature & de la vérité. L'humanité renversa cette longue estrade où la tyrannie sanguinaire plaçoit ses victimes par centaines. La décence & le respect du malheur présidèrent aux débats & aux procédures. La terreur & le glaive qui planoient sur l'innocence comme sur le crime, ne pesèrent plus que sur le coupable. La loi frappa, en détournant la tête. La rivière de sang, dont Paris fut baigné pendant une année, suspendit son cours, & les bras des bourreaux se reposèrent enfin.

Le goût du sang dominoit cependant encore dans quelques ames plus dignes d'animer un corps de tigre qu'une organisation humaine, & telle étoit leur dégradation, qu'à leurs yeux l'amour de la justice, & la joie des cœurs affranchis du joug d'un tyran, étoit un symptôme d'aristocratie. Mais ce n'étoit point là la disposition générale des esprits.

Il existoit peu de familles qui n'eussent été entamées par le poignard de Robespierre. Les plaies étoient encore saignantes. Tous les yeux

étoient encore humides des larmes du regret.
Des larmes plus douces, celle de l'amitié, de
l'amour, de la nature, satisfaits de voir sortir
de la fosse aux lions des objets qu'ils avoient
cru perdus, couloient encore de tous les cœurs.
Les sources de la sensibilité r'ouvertes enfin,
après avoir été si long-tems scellées, ne devoient plus se refermer.

En général, l'esprit public inclinoit vers les
sentimens moins sevères de la majorité de l'Assemblée. Ses mains pitoyables versoient du bau-
me sur des blessures douloureuses, qui rongeoient
la fleur de ce qu'il y a de plus tendre & de
plus délicat dans le cœur humain. La minorité au contraire, comme un chirurgien inflexible,
enfonçoit dans ces mêmes plaies une sonde
d'airain. Le mot odieux de *terreur*, qu'on ne
devoit plus prononcer après la mort de Robespierre, lui étoit familier. Elle sembloit tirer
feuille à feuille, du tombeau de ce traître,
ce code de *terreur*, qu'embrassoient encore ses
mânes sanglans. Duhem, parlant à la majorité,
disoit : *je ne pense pas comme vous, messieurs*.
ce mot de *messieurs* montre le rapport dans
lequel se trouvoient, vis à-vis l'une de l'autre,
les deux parties de l'assemblée.

« Telle étoit la difposition des efprits, lorfque Tallien lut à la tribune un difcours préparé & très-bien écrit contre le *terrorifme*. Ce difcours fut applaudi; mais en laiffant à Tallien la gloire d'avoir compofé un très-beau morceau de ré-thorique, il n'eut point un effet réel. Quand un difcours ne fait point partie d'un plan; quand il ne fe lie point à des vues bien combinées, c'eft une femence que le vent emporte, & qui ne fructifie point. Or, la majorité jouoit, pour ainfi dire, un drame *à tiroirs*.

La minorité affectoit de ne point voir de degré, du fyftème de terreur au modérantifme. Quiconque ne vouloit pas être *terrible* étoit feuillant aux yeux de Barère. On difoit, pour prouver le modérantifme de la majorité, qu'elle vouloit rappeler dans le fein de l'affemblée cette portion de la Convention Nationale qui remplit, dans les prifons, la miffion que le peuple lui a donnée. On ne peut apprécier jufqu'à quel point ce bruit étoit fondé.

Cependant les fections de Paris fe précipitoient en foule dans le fein de l'affemblée. Elles y portoient des plaintes contre leurs comités révolutionnaires. Elles en dénonçoient les membres. Elles citoient des faits qui fai-

foient horreur. Ces accufations avoient fans
doute quelque fondement; & quoiqu'on pût
les rapporter à des haines particulières, à des
motifs de vengeance perfonnelle, il étoit vrai-
femblable que l'habile Robefpierre avoit fu
compofer d'élémens choifis à fon gré, des inf-
titutions dépofitaires de la deftinée de tous les
citoyens. Au refte, il n'y avoit pas loin de ces
dénonciations contre les membres des comités
révolutionnaires, à la haine de l'inftitution
même. Quelques fections, & particulièrement
celle du Muféum, réclamèrent le droit d'é-
lection. Elles furent violemment gourmandées
par la minorité.

Cette partie de l'affemblée, toujours en ména-
geant, comme la prunelle de fes yeux, le gouvernement révolutionnaire, s'uniffoit à la majorité toutes les fois que la néceffité d'une réforme
étoit démontrée. Et cela doit inftruire à juger
avec fobriété les opinions des hommes, quelles
qu'elles foient, parce qu'elles font toujours
refpectables, quand elles font profeffées de
bonne-foi.

Le nombre des comités révolutionnaires fut
confidérablement diminué. Une loi commanda
le renouvellement des membres de ces comités,

ſuivant un certain mode ; réforme qui avoit
lieu auſſi pour les comités de la Convention.
De fréquens changemens empêchoient de craindre à l'avenir les abus qui réſultent du trop
long ſéjour du pouvoir dans les mêmes mains.

Ces ſalutaires immutations ne parurent point
ſatisfaire encore l'exigeante opinion. Des levains
de mécontentement fermentoient dans l'eſprit
public ; l'objet de cette inquiétude étoit vague :
on étoit mécontent ſans ſavoir pourquoi. On
ne s'en prenoit à perſonne en particulier. La
confiance s'égaroit ſans trouver où ſe repoſer.
Le peuple avoit des vapeurs. Il lui faut un
point d'appui ; & ce point d'appui lui manquoit.
Il étoit à la fois joyeux & triſte.

Il voyoit l'Aſſemblée diviſée en deux partis.
Il ſe créoit des fantômes. Lequel de ces deux
partis ſervoit ſon intérêt ? On avoit vu périr
ſucceſſivement ſur l'échafaud tous ceux qu'on
avoit cru les plus ſincères amans de la Liberté. On
étoit devenu défiant, ombrageux. Tout le monde
avoit fait ſon cours de réthorique dans la révolution. Les ruſes de l'art de parler échouoient
contre une ſagacité qui avoit coûté ſi cher.
L'art de mentir étoit aux abois. La raiſon
publique n'avoit jamais été ſi éclairée. Ceux-

mêmes à qui les chances de la société avoient refusé de l'éducation, ceux à qui les chances de la nature n'avoient point accordé de perspicacité étoient le plus en garde contre les séductions. Une colonne de lumière s'étendoit de l'esprit le plus délié & le mieux cultivé à l'esprit le moins délicat & le plus inculte. On ne vouloit plus être trompé par personne.

Tel est le travers de certaines gens, qu'ils attribuoient à l'aristocratie même cette destruction générale du *Janotisme* en France; effet naturel & simple du grand cours d'études de la révolution. Il est bien vrai pourtant, que le peuple alloit un peu loin. On disoit que la Convention étoit usée. On sembloit la croire inhabile à faire le bien. On parloit de convoquer les assemblées primaires. Jusqu'à quel point ces opinions étoient l'ouvrage de l'aristocratie & de la malveillance, c'est une question difficile à résoudre. Mais la facilité avec laquelle ces mêmes opinions germoient, donnoit au moins la mesure des sentimens du peuple.

Le moyen de calmer ces inquiétudes naissantes eût été l'union absolue de la Convention Nationale. Cette assemblée le sentoit bien. Toute entière elle la souhaitoit. Mais une fatalité sans doute l'empêchoit de la cimenter.

Plusieurs membres, en se plaçant entre les deux partis, travailloient à opérer cette utile liaison. Thuriot étoit de ce nombre.

Un flux de paroles harmonieux, abondant, mais languissant, ennuyeux & tiède; une déclamation douce, mais monotone; une conception facile, mais ténébreuse; une théorie politique assez bien raisonnée, mais souvent appliquée à faux; des organes détériorés, un patriotisme pur, un constant amour du peuple & de la liberté, caractérisoient cet homme probe qui sentoit vivement le besoin de la concorde, & qui s'étudioit à la ramener.

Il étoit secondé dans ce projet par Legendre. Cet élève de Danton dont il avoit été la dupe, retraçoit dans son geste, dans son attitude à la tribune, dans le tour de son expression, la pantomime & les formes de ce conspirateur éloquent. Inculte comme la nature, & quelquefois grand comme elle, c'étoit le descendant du paysan du Danube. Il en avoit la rudesse, le sens, & l'éloquence. Son énergie, qui s'étoit éteinte après la mort de celui qu'il avoit cru son ami, & qui l'avoit trompé, se ralluma à la foudre qui terrassa Robespierre. Il retrouva son génie, & ferma de sa main, le 9 Thermidor au soir, les portes des Jacobins dont il mit les clefs dans sa poche.

Mais en vain cherchoit-on à opérer une réunion
si desirée. Les points mêmes les plus clairs, les
plus incontestables, au-lieu de servir à lier l'Assemblée, contribuoient à la diviser. La question
si simple de la liberté de la presse étoit une de
ces pommes de discorde. Les Jacobins, qui
depuis se sont réunis à la minorité, discutoient
cette question; ils inclinoient à briser les chaînes
de l'imprimerie. Plusieurs sections, qui avoient
aussi traité ce point, étoient du même avis, &
demandoient cette liberté à la Convention Nationale. Déjà quelques plumes, ou moins timides
ou plus légères, s'empressoient d'en jouir. Elle
existoit en effet, cette liberté, puisqu'on osoit
écrire contr'elle, & qu'Audoin & Duval, dans
leurs journaux, insultoient impunément à ce droit
sacré. Cependant la prudence ne permettoit que
de la goûter du bout des lèvres, & quelque
faim qu'on en eût, on risquoit encore, en trem-
pant dans ce miel le bout de sa baguette.

En effet, quelle garantie pouvoit-on se pro-
mettre ? Pourquoi le droit sacré de la presse
eût-il été plus respecté que le droit sacré de
pétition ? Tous les jours des pétitionnaires étoient,
de la barre de la Convention, traduits au comité

de sûreté générale. La majorité le souffroit. Qu'es-
pérer d'une telle foiblesse ?

Des têtes froides & lentes, des hommes que
des erreurs avoient rendus prudens & timides,
auxquels un long silence avoit presque interdit
le droit de parler, dont les oreilles retentissoient
de menaces éternelles, dont les cœurs étoient
maigris de terreur, à qui l'on avoit donné un
nom qui les rendoit, pour ainsi dire, moîtes ;
des hommes qui avoient appris à se taire, à
l'école des plus grands périls, & qui savoient
que les vaincus n'ont jamais raison avec les
vainqueurs, composoient en grande partie cette
majorité, semblable à une eau dormante que
le souffle des vents n'agitoit qu'avec peine.

La minorité faisoit contre la liberté de la
presse mille objections plus ridicules les unes
que les autres. Elle craignoit de voir renaître
les Royou, les Durosoy, les Mallet. Elle se dé-
fioit donc bien de la vertu du Peuple ! Elle ne
savoit donc pas que la royauté est un vieil arbre,
qui, après avoir été déraciné, ne peut plus re-
verdir avec quelque soin qu'on veuille le re-
planter !

Quelque mobiles & changeantes que soient
les têtes françaises, quelle que soit l'incertitude

& la foiblesse de caractère par lesquelles ce peuple est connu des nations, de quelque peu de durée que soit cette fougue qui les distingue en politique comme à la guerre, quoique la liberté germe difficilement dans une terre légère, quoique César ait écrit que les Gaulois étoient trop fiers pour être esclaves, & trop lâches pour être libres, envain prêcheroit-on la royauté en France : la royauté en est bannie pour jamais.

Fréron prononça un très-beau discours en faveur de la liberté de la presse. On ne l'attaqua pas de front. Mais par une de ces pitoyables ruses qui ne font illusion à personne, on dit que la liberté de la presse n'avoit pas besoin d'être décrétée, qu'elle étoit consignée dans la déclaration des droits.

Au reste, il appartenoit de prononcer un pareil discours à Fréron, à cet *Orateur du Peuple*, dont les mâles écrits avoient fait trembler la cour, dans les premiers temps de la révolution, & se plaçoient dans le cœur & la mémoire du Peuple, à côté des leçons & des conseils de Marat. Fréron étoit un des appuis de la majorité. C'eût été une colonne plus solide encore, s'il avoit porté sa plume éloquente dans sa bouche, s'il avoit eu autant de talent pour improviser que pour écrire, & des goûts moins efféminés ; s'il n'avoit pas aimé la vie molle & pareſſeuſe preſque autant que la Liberté, ſi la ſéduction du plaiſir n'avoit pas balancé dans ſon cœur l'horreur du deſpotiſme. C'étoit un Ulyſſe caché dans les réduits de la beauté, qui n'alloit point chercher une épée pour combattre, mais qui la ſaiſiſſoit dès qu'elle s'offroit à lui parmi les hochets de la moleſſe.

On ne le déſarma point, mais le coup fut adroitement eſquivé.

Son diſcours eut à-peu-près le même ſort que celui de Tallien ; ces diſcours reſſembloient aux ſermons d'autrefois : ils ne produiſirent pas plus d'effet.

Cependant les délibérations étoient gouvernées de la manière la plus favorable à la majorité. On ſait quelle influence indirecte, mais puiſſante, le préſident exerce ſur les diſcuſſions. Merlin de Thionville, un des plus ardens adverſaires de la minorité, préſida pendant une partie de l'époque dont nous eſquiſſons l'hiſtoire.

Plus énergique qu'adroit, plus fait pour commander un bataillon, que pour être à la tête d'une aſſemblée, plus terrible aux ennemis que rédoutable aux sophistes, plus brave qu'éloquent, d'une physionomie vraiment martiale, célèbre par la bravoure qu'il montra au siège de Mayence, Merlin de Thionville étoit d'une grande ressource pour la majorité. Mais l'amour des plaisirs se concilie difficilement avec cette tenue de caractère, si nécessaire au triomphe d'une opinion puissamment contrariée; & Merlin étoit un Hercule dans les mains duquel on surprenoit quelquefois un fuseau à la place de sa massue.

L'expérience du passé, qui toujours avoit vu triompher le parti le plus sévère, étoit pour la majorité d'un présage peu favorable.

Enfin le dernier coup fut porté. Lecointre de Versailles dénonça publiquement à la tribune de la Convention, Billaud-Varennes, Collot-d'Herbois, Barère, Amar, Vouland, Vadier & David, comme complices de Robespierre. L'accusation étoit fondée sur ce que ce traître n'avoit pu, sans leur aveu, faire rendre par les comités de salut public & de sûreté générale, tant d'arrêtés liberticides; sur ce que les comités étoient toujours unanimes, lorsqu'ils présentoient à la Convention les mesures même les plus violentes. De plus, des faits particuliers étoient reprochés à chacun des membres accufés. Ces inculpations étoient extrêmement graves.

L'accufation toute entière étoit marquée du fceau de l'opinion publique. Elle fut plus malheureufe encore que les difcours de Fréron & de Tallien. L'affemblée paffa à l'ordre du jour, en déclarant que les accufés s'étoient toujours comportés conformément au vœu national.

Si à de longs fervices rendus à là liberté, à la conftance d'un zèle foutenu, à la pureté d'une conduite irréprochable, à la gloire d'être un des pères de la révolution, Lecointre n'avoit joint une phyfionomie grotefque, & un extérieur ridicule, s'il avoit eu autant d'efprit que de bonne foi, fi fur-tout il avoit été plus habile à choifir le moment favorable & ce qu'on peut appeler, *l'heure du berger*, fa dénonciation peut-être n'eût pas manqué fon effet. Au refte, le décret de la Convention indifpofa totalement le peuple. Le foir, les Tuileries, le Carouzel, le ci-devant Palais-Royal, la place de la Baftille, les boulevards fe remplirent de grouppes en fermentation. On fe plaignoit de ce qu'une dénonciation fi grave avoit été traitée fi légérement. On retraçoit tous les fouvenirs qui pouvoient être défavantageux aux membres dénoncés. On rappeloit que Barère avoit préfenté Fouquier-Tainville pour accufateur public du tribunal régénéré. On alloit même jufqu'à dire qu'on fauroit bien forcer la Convention à examiner cette affaire.

L'Affemblée calma ce mouvement, en rapportant le lendemain fon décret, & en procédant, fans défemparer, à l'examen en forme de la dénonciation. Le peuple fe porta en foule à la féance. Jamais on n'avoit vu depuis le jugement de Capet, une affluence auffi confidérable. L'opinion étoit favorable à Lecointre, en ce fens qu'elle ne lui étoit pas défavorable.

Tous les yeux étoient fixés fur les membres dénoncés. On cherchoit dans leurs traits le fecret de leur cœur.

L'art de démêler les fentimens des hommes dans le miroir obfcur, & fouvent infidèle de la phyfionomie, s'étoit fingulièrement perfectionné depuis la révolution. Joué par tant de traîtres, le peuple avoit fenti le befoin de chercher, ailleurs que dans les difcours & même dans les actions, la penfée de fes fonctionnaires. Cette efpèce de divination, fans être digne d'une

entière confiance, offre pourtant quelques don-
nées confirmées par l'expérience des siècles.

Depuis Catilina jusqu'à Robespierre, parmi
les grands conspirateurs qui ont tramé la perte
de la liberté dans les Républiques, le pinceau
de l'histoire n'en offre peut-être pas un qui ait
eu le teint fleuri & le regard agréable ; il semble
que la main de la nature ait voulu, dans les
hommes comme dans les animaux, marquer à
de certains traits ceux qu'il faut craindre, ou
dont il faut se défier. Ce langage de la nature,
ces dialectes difficiles à traduire deviennent une
langue commune & familière pour un peuple
libre, souvent trahi.

Le teint & la physionomie des députés dénoncés étoit flétri, sans-doute par le genre de
travaux pénibles & nocturnes auxquels ils s'é-
roient livrés. L'habitude & la nécessité du secret
leu ravoit imprimé sur le visage un sombre caractère de dissimulation; leurs yeux caves, en-
sanglantés avoient quelque chose de sinistre. Le
long exercice du pouvoir avoit laissé sur leur
front & dans leurs manières je ne sais quoi d'al-
tier & de dédaigneux. Les membres du comité
de sûreté générale avoient quelque chose des

anciens lieutenans-de-police, & ceux du comité de salut public quelques formes des anciens ministres d'état. Par une de ces foiblesses qui n'honorent pas le cœur humain, l'amour-propre des représentans sembloit flatté de les voir se rapprocher d'eux ; on briguoit l'honneur de leur conversation, l'avantage de leur toucher la main. On croyoit lire encore son devoir sur leurs fronts. C'étoit des rois détrônés dont on s'honoroit d'être l'avocat.

Cependant ils étoient devenus plus lians. Billaud-Varennes tâchoit de donner à ses yeux effrayans un caractère plus doux, à sa voix tranchante une inflexion plus moëleuse, à son front pâle & défait plus de sérénité.

Quoi qu'il en soit, l'accusation de Lecointre, examinée article par article, fut déclarée fausse & calomnieuse, au milieu des applaudissemens du peuple, satisfait des 9 ou 10 heures que l'Assemblée avoit passées dans la salle, & au grand contentement de la majorité dont les chefs s'étoient opposés à cette mesure mal concertée. C'étoit un canonnier qui, ayant mis le feu à sa pièce avant que la manœuvre fut terminée, avoit blessé ses camarades.

Puiſſe la ſuite de cette hiſtoire n'être que le ré-
cit des bienfaits & non des troubles de la Convention !

Paris, 29 Fructidor, an 2e. de
la République Françoise.

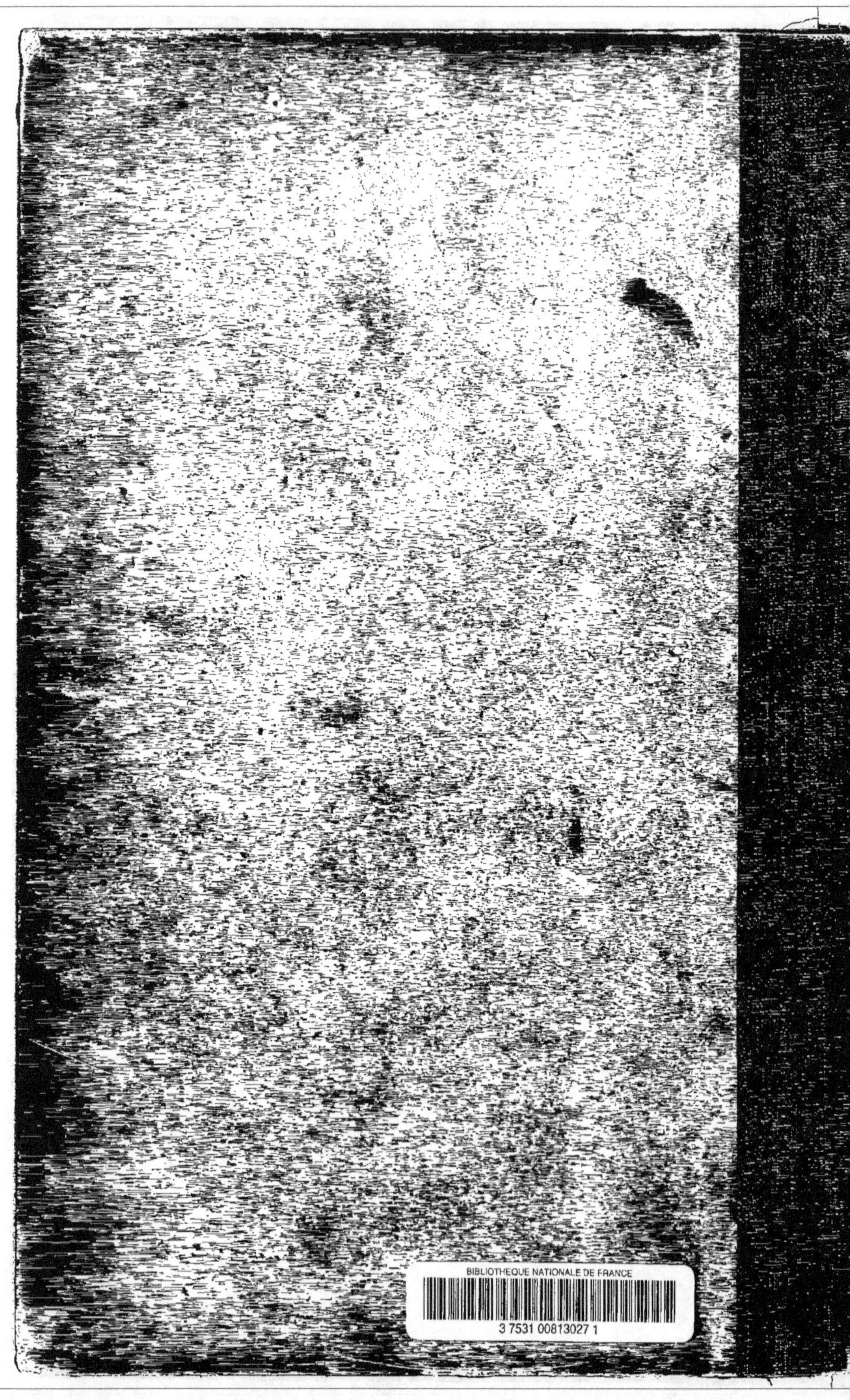